SUPPLEMENT
A LA DEUXIEME EDITION
DES CONSEILS
AUX GOUTTEUX ET AUX RHUMATISANS,

Où l'on démontre la nécessité de joindre aux médica-mens externes, l'usage des médicamens internes, les cas où les remèdes extérieurs sont indiqués, la manière de les administrer, le danger d'y avoir recours sans parfaite connaissance de cause, les moyens de calmer les douleurs de goutte ou de rhumatisme; suivi d'une méthode simple, et à la portée de tout le monde, de secourir les noyés.

Par G. VILLETTE, Chirurgien,

EX-CHIRURGIEN EN CHEF DES HÔPITAUX CIVIL ET MILI-TAIRE DE CHAROLLES, INSPECTEUR GÉNÉRAL DES HÔPITAUX DES ARMÉES DE RHIN ET MOSELLE, etc.

Prix, 1 liv. 10 s., et 1 liv. 14 s. pour les départemens.

A PARIS,

Chez
L'Auteur, rue Neuve-des-Petits-Champs, n°. 65;
Lenormant, imprimeur-libraire, rue des Prêtres-Saint-Germain-l'Auxerrois;
Gabon, libraire, rue de l'Ecole de Médecine, au coin de celle de l'Observance;
Méquignon, libraire, rue de l'Ecole de Médecine, vis-à-vis celle Hautefeuille;
Croullebois, libraire, rue des Mathurins, au coin de celle des Maçons;
Martinet, libraire, rue du Coq St.-Honoré;
Ph. Lenoir, libraire, rue de Richelieu, n°. 35, au Grand Corneille.

1808.

Je Désavoue tous les Exemplaires qui ne seront pas
Signés De Ma Main, Villette

SUPPLÉMENT

A LA DEUXIÈME ÉDITION

DES CONSEILS

AUX GOUTTEUX ET AUX RHUMATISANS.

LA goutte, que tout le monde connaît, et que personne ne croit avoir (1), est la maladie la plus commune ; elle n'épargne ni les enfans (2), ni les

---

(1) Les goutteux, en général, sont extrêmement incrédules sur la nature de leur maladie.

On voit dans les *Elémens de Médecine*, du docteur Brown, traduits par le docteur Fouquier, p. 400 :

« Il y a peu d'hommes qui n'aient, à quelqu'époque de » leur vie, senti quelque tiraillement ou quelque pico- » tement douloureux dans quelqu'endroit du pied : on » peut considérer cela comme un accès de goutte en pe- » tit ; mais quand tous les phénomènes de cette maladie, » à l'inflammation près, se manifestent, on nomme cet » état *dyspepsie*, ou comme on veut : c'est toujours la » goutte ».

Nous pensons que si, dans les premiers symptômes de la goutte, on avait recours aux prophylactiques appropriés, on pourrait peut-être étouffer, dès sa naissance, le germe de cette cruelle maladie.

(2) Voyez *Conseils aux Goutteux et aux Rhumatisans*, deuxième édision, page 193.

1 *

(4)

femmes (1) : elle n'est donc point toujours le résultat de la caducité ni de la viellesse.

L'expérience nous apprend qu'il est ridicule de
croire qu'elle n'attaque que les hommes, et sur-
tout ceux qui se livrent aux excès : les auteurs mo-
dernes les plus célèbres, savent aujourd'hui que
ceux qui mènent la vie la plus régulière, n'en sont
pas exempts, parce que cette maladie dérive le
plus souvent d'une altération des organes diges-
tifs, de l'interception de la matière transpirable,
ou des vives affections de l'âme et de la forte con-
tention d'esprit. Van-Swiéten rapporte qu'un ma-
thématicien, vivant sagement, accélérait ses accès
de goutte, lorsqu'il s'appliquait pendant long-
temps à la résolution d'un problême difficile : aussi
le célèbre Sydenham dit que les personnes qu'elle
attaque le plus particulièrement, sont les gens
d'esprit, de génie et de bon sens.

Il est à désirer que les malades soient assez con-
vaincus de ces vérités, pour ne plus craindre d'a-
vouer qu'ils ont la goutte, pour en parler comme
de toute autre maladie, et pour être persuadés
qu'elle n'est pas incurable. Les passages suivans
d'Hippocrate et de Sydenham, sont bien propres
à les rassurer à cet égard :

« Celui, dit le père de la médecine, qui est
„ jeune, dont les articles ne sont pas occupés par

---

(1) *Ibid.* pages 296, 300, 305, 309, 313.

» des nodosités tophacées , qui aime le travail .
» qui a l'esprit docile et obéissant, qui est bien
» réglé dans son régime de vie : celui-là, certai-
» nement, s'il tombe entre les mains d'un hom-
» me intelligent, peut être guéri de la goutte ».

Sydenham , page 576 , dit que : « Dans la
» goutte et le rhumatisme, les remèdes ne doi-
» vent pas être pris à la légère et en passant,
» mais qu'il faut opiniâtrement , et long-temps,
» persévérer dans leur usage : un mal qui vient
» de loin , ne peut être réparé que par une prati-
» que longue et patiente, des moyens qui peuvent
» en détruire la cause , et réparer tous les désor-
» dres qu'elle a produits ».

La goutte est bien plus fréquente chez les femmes , qu'on ne le croit : cette maladie , chez elles,
n'étant pas caractérisée par tous les symptômes ,
est souvent confondue avec l'affection nerveuse.

Cette affection n'est qu'une goutte vague , qui
n'a pas assez d'énergie pour se porter sur les join-
tures , et y causer la rougeur, la douleur et tous les
véritables caractères de la goutte.

Les femmes, d'ailleurs, dont le système musculaire est plus vaste que chez les hommes , offrent
dans leurs muscles, c'est-à-dire dans leurs chairs
délicates et arrondies, comme autant de réservoirs
où peut se loger le principe goutteux et rhumatismal : il est expulsé du centre à la circonférence ,
par l'énergie des forces de la nature , qui tend
constamment à éloigner , le plus possible , un

vice quelconque des parties nobles qu'il opprime; dès-lors, au lieu de s'arrêter sur les cartilages, les tendons, snr la synovie, sur le périoste, en un mot, sur tout ce qui compose l'appareil des articulations, le vice goutteux et rhumatismal, logé dans les muscles, s'exhale en partie par la voie de la transpiration insensible, après y avoir été convenablement atténué et élaboré; une autre portion, et ce n'est peut-être pas la moindre quantité, s'échappe par le flux menstruel : mais, lorsque cet écoulement vient à cesser par accident ou à raison de l'âge, à cette époque, les pores destinés à l'exhalation de la matière transpirable, sont moins ouverts; d'un autre côté, la force d'expulsion et l'énergie vitale sont rallenties : telles peuvent être les raisons qui expliquent pourquoi, chez les femmes, la goutte et le rhumatisme ne prennent quelquefois leur véritable caractère pathognomonique, qu'à la cessation de leurs règles.

Nous avons fait connaître, dans notre deuxième édition, les signes propres à constater la présence de la goutte chez les femmes : une fois bien convaincues qu'elles en sont affectées, elles auront moins de peine à se soumettre au régime nécessaire pour la neutraliser. Elles éviteront les bains, les saignées, et plusieurs autres remèdes qui sont absolument contraires dans cette maladie ; et, si nous ne pouvons parvenir à une guérison radicale, peut-être nous sauront-elles gré d'avoir contribué à améliorer leur état.

Les affections goutteuses et rhumatismales sont douées d'une grande mobilité : elles quittent subitement une partie pour se porter rapidement sur une autre ; cette considération exige beaucoup de circonspection de la part de ceux qui employent, dans ces maladies, les topiques, sans administrer intérieurement d'autres remèdes pour éconduire ces humeurs au dehors.

La goutte est susceptible de se porter sur tous les organes indistinctement ; les accidens qu'elle produit sont relatifs au siége qu'elle occupe :

______

(1) Voyez les Observations, deuxième édition, pages 261 et 316.

(2) Voyez les Observation de la deuxième édition de mes Conseils, etc.

Sur la poitrine , elle y cause

Sur les différentes régions de la capacité du Ventre.

Nous observerons que l'humeur de goutte fixée sur le foie y cause très-peu de douleur, ce qui fait que la majeure partie des malades y font peu d'attention, de manière qu'ils consultent souvent lorsque la maladie est incurable ou présente peu de ressource. Voyez les observations suivantes ;

Sur les Reins, elle produit

Sur les Intestins,

Des coliques,

La Diarrhée,

La Dyssenterie, etc.

Sur la Vessie,

Elle occasionne la difficulté d'uriner, la réten-
tion d'urine, obs. pages 167, 289 et 292.

Sur la Matrice.

Si l'humeur de goutte ou de rhumatisme se porte
sur la matrice, la femme y ressent des douleurs
plus ou moins fortes, et peut y déterminer

Des fleurs blanches, simples ou acrimonieuses,

Des hémorragies,

Des engorgemens,

Des squirres,

Des ulcères,

Des cancers.

Si, dès les premières douleurs que la femme
éprouve à cette partie, on employait les remèdes

appropriés aux affections goutteuses et rhumatismales, on serait souvent plus heureux dans le
traitement de ces maladies.

Nous pensons que, sur vingt femmes qui ont
des maladies de matrice, il y en a au moins quinze
qui ont pour principe une affection goutteuse, ou
la suppression de transpiration, causée par la manière dont elles se vêtissent aujourd'hui (1).

La goutte et le rhumatisme existent souvent,
sur-tout chez les femmes, sans se présenter claire-
ment avec tous ses signes patognomoniques. Les
jeunes praticiens ne sauraient, dans ces cas obs-
curs, prendre trop d'informations sur toutes les
circonstances qui ont précédé l'état actuel des
choses, afin de ne point confondre une maladie
qui n'est que symptomatique, avec une maladie
essentielle.

Cette conjoncture exige toute la sagacité d'un
médecin expérimenté.

« Les malades ; une fois l'accès de goutte passé,
» ne font ordinairement rien contre ce cruel enne-
» mi, dit un auteur moderne ; il est aussi dange-
» reux de le négliger lorsqu'il ne donne plus de
» signes de sa présence, qu'il serait dangereux de
» négliger les fièvres intermittentes après que leur
» accès est passé : il ajoute :

---

(1) Dans la troisième édition de mes conseils aux
goutteux, qui paroîtra incessamment, je rapporterai
beaucoup d'observations sur les causes de la matrice,
occasionnées par les maladies que je viens de citer : on
y verra le traitement qui convient à ces circonstances.

» On est généralement dans l'opinion que l'on
» ne guérit point de la goutte (1).

» Il importe ici de distinguer ce qu'il y a de
» vrai et de faux dans cette opinion, parce que
» cette erreur a été fatale à un grand nombre de
» goutteux. Il est certain que quand il existe une
» disposition innée, radicale à la goutte, on ne
» peut absolument et complètement la détruire ;
» mais alors on peut tellement l'altérer, et rendre
» ses retours si rares et si faibles, que cela équivale
» à une guérison, ensorte qu'on n'ait rien à crain-
» dre de funeste de cette maladie.

Barthez dit : « Le meilleur moyen d'attaquer et
» de neutraliser cet ennemi, doit être cherché
» dans les remèdes qui sont susceptibles de l'écon-
» duire par les pores de la peau ; il faut employer
» tous les moyens possibles pour exciter cette sé-
» crétion ; c'est la voie la plus sûre pour chasser
» la matière de la goutte ».

Cette doctrine doit s'entendre des médicamens
externes et internes, comme nous allons le dé-
montrer par les observations suivantes :

Ire. OBSERVATION

*Sur une affection rhumatismale dirigée sur le côté
gauche du corps, et fixée particulièrement sur la
partie latérale et supérieure de la cuisse (que les
anatomistes appellent le grand Trochanter), où
elle a déterminé un dépôt.*

M. *Jean-Toussaint Salvage de Favrolles*, co-

____

(1) Voyez ci-dessus, pages 4 et 5.

lonel et chevalier de la légion d'honneur, à la suite des grandes fatigues qu'il a éprouvées dans la guerre de Calabre et dans plusieurs autres contrées, où, couvert du sang qui coulait de ses blessures, et de sueurs, il a été souvent obligé de traverser à la nage des torrens d'eau de neige à demi fondue, a été atteint de douleurs générales sourdes et permanentes dans toute la partie gauche du corps, qui faisaient craindre des accidens hémiplégiques. Le bras gauche était d'autant plus fortement menacé, que dans les temps froids il était presque sans vie et ne pouvait faire aucun mouvement. Ces accidens avaient été aggravés par un violent coup de sabre reçu à cette partie.

Une deuxième blessure d'arme blanche à la partie moyenne antérieure de la cuisse gauche, s'opposait à presque tous les mouvemens de ce membre, sur-tout lors des variations de l'atmosphère.

Le climat du nord, et sur-tout de la Pologne, n'avait fait qu'aggraver ces accidens ; les douleurs étaient telles que M. le colonel, dans les premiers jours de mai 1808, époque à laquelle il me consulta, ne pouvait marcher qu'avec des béquilles. Fièvre lente continuelle, digestions difficiles, prostration générale des forces, commencement de marasme très-prononcé, engorgement considérable à la cuisse, annonçant un dépôt prêt à s'ouvrir, abolition presque entière des mouvemens de la cuisse, tels étaient les symptômes qui se réunissaient aux violentes douleurs rhumatismales qu'il ressentait dans toute la partie gauche du corps.

La grande faiblesse où il était me porta à lui conseiller un traitement analeptique : les bains et les douches de Tivoli, l'usage des camisoles et caleçons de flanelle, et à lui faire prendre un verre à liqueur d'elixir de Gaïac dulcifié immédiatement après son dîner.

Cependant, comme la maladie était compliquée, je témoignai à M. le chevalier, le désir de conférer sur son état avec un autre chirurgien ; il choisit M. Dubois ; celui-ci adopta mon plan de traitement, et nous continuâmes de voir le malade ensemble.

Au bout d'un mois de traitement, tous les accidens ont diminué insensiblement ; il a pu marcher sans béquilles, la fièvre a cessé, l'estomac remplit actuellement très-bien ses fonctions.

Les douleurs et le défaut de mouvement ont abandonné la partie gauche ; il ne reste plus qu'un engorgement sur la direction du grand trochanter ; il continue toujours son traitement, et nous ne doutons pas qu'il ne lui procure une guérison complète dans cinq ou six mois, après l'usage des eaux du Mont-d'Or.

IIe. OBSERVATION

Sur une douleur d'estomac, calmée par les bains et guérie par l'usage de l'elixir de Gaïac dulcifié.

Je fus mandé pour voir madame *Gonfroi*, rue

Ventadour, qui avait une douleur d'estomac si forte, qu'elle éprouvait à tous momens des vomissemens et des faiblesses. J'avais eu occasion de la voir quelque temps auparavant, et j'avais reconnu chez elle une affection goutteuse ; mais elle n'avait pas voulu le croire (1). Après avoir pris tous les renseignemens convenables sur l'état présent de la malade, je jugeai que les vomissemens et les douleurs d'estomac étaient le résultat de la goutte dirigée sur cet organe. Je conseillai de suite les bains de pieds (2) : aussitôt tous les assistans se récrièrent, alléguant que la malade venait de dîner ; je persistai dans mon avis ; je fis ajouter au bain de pieds, une once et demie d'esprit de sel : au bout de cinq minutes, elle fut soulagée : la douleur d'estomac ne tarda pas à disparaître totalement. Je la mis ensuite à l'usage de l'elixir de gaïac dulcifié ; elle l'a continué, et elle n'a plus ressenti de douleurs.

IIIᵉ. OBSERVATION

Sur une colique provenant d'une affection rhumatismale fixée sur les intestins.

M. de Luny me consulta dans le courant de mai 1808, pour des coliques d'entrailles si fortes,

---

(1) Voyez page première du Supplément.

(2) Voyez la manière de les préparer, à la table, *Médicamens externes*, nº. 1.

qu'elles se dirigeaient jusqu'à la région sciatique ; je n'eus pas de peine à reconnaître une affection rhumatismale : aussitôt je lui fis prendre par jour, deux bains de pieds (1) pendant quinze minutes chacun : dès le premier bain, la colique disparut ; je le mis à l'usage de l'élixir de Gaïac dulcifié ; au bout de deux jours, il n'éprouvait aucune douleur ; il en cessa l'usage quinze ou vingt jours après.

IVᵉ. OBSERVATION

Affection rhumatismale dirigée sur les intestins.

J'avais conseillé à M. *de Luny*, de prendre, pendant un mois, à l'arrivée du froid, une dose d'elixir de Gaïac dulcifié après son dîner, et de continuer tous les ans pendant un mois ; il n'a pas suivi mon avis ; le 15 décembre 1808, il me fit appeler ; il se plaignait d'une douleur d'estomac ; il avait envie de se purger ou de prendre l'émétique (2), je m'y opposai ; je lui conseillai de mettre ses pieds dans l'eau comme la première fois, (voyez bain de pieds n°. 2) en lui observant que si ce n'était pas l'humeur rhumatismale fixée sur l'estomac, le bain lui ferait du mal, et que si c'était

------

(1) Voyez la manière de les préparer.
(2) Voyez l'observation, deuxième édition, page :

la goutte, le bain lui procurerait beaucoup de soulagement.

Le bain, en effet, produisit le bien que j'avais prédit ; il s'est remis à l'usage de l'elixir de Gaïac dulcifié, et la douleur a entièrement disparu au bout de vingt-quatre heures ; il continue l'elixir après le dîner, non-seulement pour éconduire l'humeur rhumatismale par la voie de la transpiration, mais encore pour faciliter les digestions qui étaient habituellement pénibles chez lui.

Vᵉ. OBSERVATION

Sur une affection goutteuse dirigée sur la tête et sur la poitrine, et qui occasionnait le délire et des vertiges.

M. Emerigon, âgé de 35 ans, logé à l'hôtel de Valois, rue de Richelieu, était détenu dans son lit, depuis plusieurs jours, par une grande oppression et une douleur de tête insupportable. La maladie s'accrut au point qu'il fut attaqué la nuit du 10 au 11 décembre 1808, de vertiges, de délire et d'une oppression si grande, qu'il était sur le point d'expirer, la face était bouffie comme celle d'un homme prêt à être frappé d'apoplexie. C'était pour la cinquième fois que je voyais le malade ; le pouls était petit et contracté, l'œil hagard, sueurs froides : cet état ne permettant pas au malade de me donner aucuns renseignemens sur la cause de

ces

tes accidens , j'appris que quatre à cinq ans auparavant, il avait eu le bras droit comme paralysé, pendant six à sept mois , par un rhumatisme goutteux : cette explication fut un trait de lumière ; je vis que l'humeur goutteuse rhumatismale s'était dirigée sur la tête et sur la poitrine : aussitôt je lui fis prendre le bain de pieds du n°. 2. Cinq minutes après , la douleur de tête et tous les accidens diminuèrent ; après le bain, en le remettant dans son lit, il nous dit qu'il n'éprouvait plus aucune douleur. Je lui fis faire une potion anti-spasmodique, qu'il prit dans le courant de la nuit. Le lendemain matin à ma visite, j'eus le plaisir de le trouver parfaitement bien , et avec très-peu de fièvre. Il reprit un second bain.

Le surlendemain la fiévre était passée : il fut en état de rester levé toute la journée.

Dans la conversation que j'eus avec lui , il m'apprit qu'il avait ressenti sept ou huit ans auparavant , et à différentes reprises, une douleur au gros orteil , mais qu'il ne croyait pas que ce fut la goutte (1).

Il me confirma qu'il avait été paralysé du bras droit, par l'effet de l'affection goutteuse et rhumatismatismale, et qu'il était presque continuellement tourmenté de douleurs erratiques.

Je l'admis à l'usage de l'élixir de gaïac dulcifié

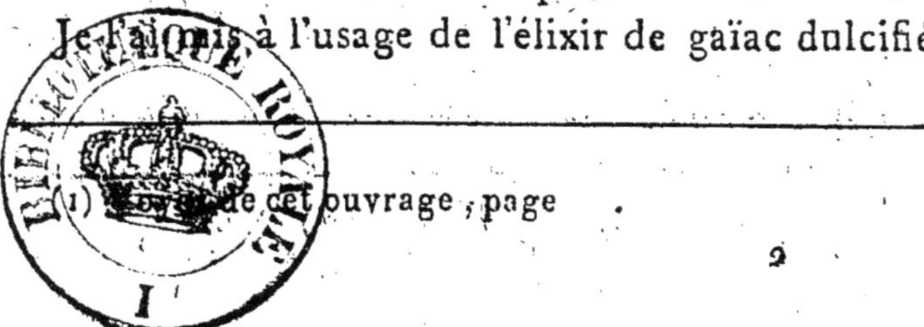

(1) Voyez de cet ouvrage , page .

et de l'opiat ; je l'ai fait envelopper de flanelle. J'espère améliorer beaucoup son état.

Le malade m'a dit qu'il n'avait jamais eu de crise aussi forte que celle-ci, mais qu'il n'avait jamais été aussi promptement soulagé par les saignées, qui le laissaient toujours faible pendant une quinzaine de jours, et que cette fois il s'était senti assez fort pour sortir au bout du quatrième jour.

VIe. OBSERVATION
Sur une douleur sciatique.

Les premiers jours de décembre 1808, M. Legras, chirurgien, me pria de voir avec lui un malade, rue Cérutti, n°. 8, qui depuis plusieurs jours était retenu dans son lit, par une douleur si forte, qu'elle le privait entièrement du sommeil, et qu'elle lui arrachait par fois des cris. La face externe et latérale de la cuisse était gonflée ; on avait employé divers remèdes, mais tous sans succès. Ce fut dans cet état que je vis le malade. Je lui fis poser de suite le cataplasme n°. 2 (1), qui couvrait le genou, la jambe et tout le pied ; je lui fis prendre deux doses d'élixir de gaïac dulcifié, une à midi et l'autre le soir, à huit heures, en faisant ajouter à la dose du soir quarante gouttes de liqueur minérale d'Offmann. J'ordonnai une tisanne de saponnaire, qu'il prit à la dose de deux pintes par jour. Le lendemain j'appris à ma visite qu'il avait bien dormi, qu'il ne ressentait presque

____

(1) Voyez à la table, *Cataplasme*, n°. 2.

plus de douleur , et que la transpiration avait été très-abondante. Je fis renouveller le même cataplasme , en continuant l'élixir et la tisane.

A ma troisième visite , le malade ne ressentait plus de douleur à la cuisse, il en éprouvait seulement un peu sur le coude-pied. Je lui fis poser deux emplâtres (1) , l'un sur le grand trochanter , large comme les deux mains, et un second sur le coude-pied , qui en étoit également enveloppé.

A ma quatrième visite , le malade n'éprouvait plus aucune douleur.

Je lui ai conseillé de laisser les emplâtres jusqu'à ce qu'ils tombent seuls.

VIIe. OBSERVATION

Sur une affection goutteuse dirigée sur les pieds.

M. Bosquet, tailleur des princes, rue de la Michodière, n°. 11, me demanda, les premiers jours de septembre 1807 , pour une douleur qui s'étendait de la partie moyenne du pied jusqu'au gros orteil, qui était rouge, et où il ressentait beaucoup de douleur.

Après avoir bien examiné la partie et pris tous les renseignemens convenables , je jugeai que la maladie était une affection goutteuse. Il eut de la peine à croire à mon jugement. Je lui conseillai , en attendant des signes plus prononcés , d'enve-

---

(1) Voyez à la table, *Emplâtre*, n°. 3.

lopper la partie malade avec de la flanelle , je le mis à l'usage de la tisanne de saponaire.

Le lendemain matin , à ma visite, je trouvai les deux pieds entrepris ; alors il fut convaincu de la vérité de mon assertion.

De suite , je lui posai six sangsues (1) à chaque pied sur le point le plus enflammé. Lorsque le sang fut arrêté je lui posai un cataplasme (2), et lui fis prendre dans la journée trois doses d'élixir de gaïac , indépendamment de la tisane prescrite.

La transpiration , qui avait été supprimée chez lui , redevint très-abondante dans trois ou quatre jours.

Je réitérai de vingt-quatre heures en vingt-quatre heures , pendant rrois jours de suite , les cataplasmes n°. 1 : et, au bout de quatre jours, le malade fut à même de vaquer aux affaires de son état.

Cependant au bout de dix jours , après avoir beaucoup marché , et s'être exposé au froid , la douleur reparut au pied droit avec tant d'intensité, qu'elle portait jusque sur la poitrine , mais sans

____

(1) Voyez n°. 1 , au mot *Cataplasme.*

(2) Je ne les emploie jamais dans les affections goutteuses et rhumatismales , que lorsqu'il y a inflammation aux parties : aussi soulagent—elles presque toujours miraculeusement les malades ; il est rare que je les emploie lorsqu'il y a empâtement. Dans ce cas, les vésicatoires volans , sans cantharides , sur-tout ceux qu'on nomme anglais , doivent être préférés : ils procurent presque constamment un effet salutaire.

inflammation. Le lendemain elle attaqua les deux pieds ; je crus convenable alors d'après l'avis de plusieurs auteurs savans , de lui conseiller le quinquina (1). Je lui en fis prendre une once en poudre , dans les vingt-quatre heures , après lui avoir administré un minoratif. Le lendemain je réitérai , et j'augmentai la dose d'une demi-once ; je continuai pendant cinq jours ce même traitement à la même dose d'une once et demie. Le malade n'éprouva aucun soulagement : au contraire, les accidens s'aggravèrent ; il ressentait même beaucoup d'oppression : alors , je me déterminai à lui poser le cataplasme n°. 1 , à chaque jambe , depuis la partie moyenne inférieure de la cuisse , jusqu'aux extrémités des pieds , et à le remettre à l'usage de l'élixir de Gaïac ; aussitôt la transpiration , qui n'avait pas paru avec le quinquina , se manifesta : la même nuit , le malade fut beaucoup soulagé ; l'oppression même qu'il éprouvait depuis plusieurs jours , cessa totalement dans les vingt-quatre heures. J'ai continué pendant cinq jours à lui poser , tous les vingt-quatre heures , les cataplasmes n°. 1 sur les jambes : la maladie s'est ter-

---

(1) Dans la troisième édition de mes Conseils aux goutteux , où je donnerai une matière médicale , relative au traitement de la goutte et du rhumatisme , je prouverai , par les faits que je rapporterai , que le quinquina est bien inférieur aux préparations de Gaïac.

minée dans dix à douze jours, à ma satisfaction et à celle du malade.

Il a continué l'élixir pendant deux ou trois mois, après son dîner, pour éviter les récidives : actuellement il se porte bien.

VIIIe. OBSERVATION

Sur une douleur à l'articulation du pied droit, prise pour une entorse.

Madame *de Joussineau*, retenue depuis deux mois dans son lit, pour une douleur qu'elle avait à l'articulation du pied, avait consulté plusieurs médecins qui ne lui avaient procuré aucun soulagement.

On présuma que cette douleur était l'effet d'une entorse : en conséqnence, on fit venir M. *Valdajou*; lui-même crut que c'en était une : il employa tous les moyens d'usage en pareils accidens. Voyant, au bout de quinze jours de traitement, qu'il n'obtenait aucun résultat favorable, il convint franchement qu'il ne connaissait rien à cette maladie. Madame *de Joussineau* se décida à me consulter : arrivé chez elle, je pris tous les renseignemens possibles pour découvrir la cause de son mal, j'appris d'elle qu'un soir, en revenant de la promenade, elle fut saisie par un coup de vent qui lui causa une légère douleur dans tout le côté du pied malade, et qu'à la cessation de cette douleur, elle avait ressenti celle qui existait au pied.

Je lui demandai bien si elle ne s'était pas donné de coup à cette partie : elle me répondit négativement; alors je jugeai que cette douleur était une affection rhumatismale.

La malade, d'abord, n'y voulut pas croire, mais je ne tardai pas à la convaincre, tant par le raisonnement que par le soulagement, et la guérison prompte que je lui ai procurée.

Je lui fis mettre sur la partie douloureuse, le cataplasme n°. 1 ; je lui fis prendre deux doses d'élixir de Gaïac dulcifié, dans la journée, l'une après le dîner, et l'autre le soir en se couchant.

Le lendemain, à la vérité, madame *de Joussinot* me dit qu'il y avait long-temps qu'elle n'avait passé une aussi bonne nuit, et qu'elle ne ressentait que très-peu de douleurs ; je réitérai le cataplasme; le troisième jour, je le supprimai, et lui fis faire des onctions, avec une cueillerée à bouche, l'élixir de Gaïac dulcifié, où j'avais fait ajouter trente gouttes de laudanum liquide de Sydenham., et fis envelopper la partie avec de la flanelle : au bout de dix jours de ce traitement, la malade s'est levée, et a commencé à marcher ; son état d'amélioration s'est accru peu à peu : au bout de vingt jours, elle était parfaitement guérie ; mais elle a toujours continué à prendre l'élixir de Gaïac, pour faciliter la digestion, et prévenir les récidives.

IXe OBSERVATION

Sur une douleur sciatique.

Monsieur *Leclerc* me consulta les premiers jours de novembre 1787, pour une douleur sciatique, fixe et permanente, qu'il avait depuis huit ans. Je lui demandai s'il voulait se soumettre au traitement convenable à son état : il s'y décida ; mais je le prévins d'avance qu'il lui faudrait peut-être sept ou huit vésicatoires volans, et autres moyens peut-être plus désagréables, tels que des cataplasmes de différentes espèces.

Le lendemain, je lui posai un large vésicatoire volant sur la région sciatique, et lui fis prendre, dans la journée, trois doses d'élixir de Gaïac.

Je lui fis boire beaucoup de tizane de trèfle d'eau : la transpiration devint très-abondante, et le lendemain, lorsque je levai le vésicatoire, la douleur sciatique était un peu moins forte, son siége s'était rapproché de la partie moyenne de la cuisse. Je reposai de suite un vésicatoire volant.

Les douleurs diminuèrent progressivement pendant quinze jours. Dans cet intervalle, je lui avais posé six vésicatoires volans : de sorte que la douleur permanente depuis huit ans, au haut de la cuisse, était devenue à peine sensible.

Je crus, pour achever de la détruire, qu'il serait avantageux de lui poser des cataplasmes du n°. 2,

En effet , j'en posai nn depnis la partie moyenne de la cuisse malade , jusqu'à l'extrémité du pied.

Le lendemain , à ma visite, le malade n'éprouvait plus aucune douleur. Je réitérai le cataplasme, dans l'espoir de rendre la guérison plus complète.

Mais qu'elle fut ma surprise le lendemain , d'apprendre que les douleurs avaient reparu à la cuisse , mais infiniment moins fortes que dans les commençemens.

J'en attribuai la cause à quelque erreur dans le régime, ce qui m'autorisa à poser un troisième cataplasme.

Le lendemain , les douleurs ayant repris un peu plus d'intensité , je supprimai les cataplasmes et y substituai un emplâtre large comme les deux mains , du n°. 3, et un second qui couvrait tout le coude-pied.

Les emplâtres , à l'exception du vésicatoire , sont restés sur les parties jusqu'à ce qu'ils soient tombés d'eux-mêmes , et le malade a été guéri au bout de six semaines de traitement ; et pendant tout ce temps-là , il a pris deux , et quelquefois jusqu'à trois doses d'élixir de gaïac dulcifié par jour, et en a continué l'usage quelque temps après sa guérison.

Xᵉ. OBSERVATION.

*L'Apoplexie est souvent précédée et suivie de convul-
sions , comme le prouve l'observation que je vais
rapporter.*

Depuis dix jours , le malade chez lequel je fus
appelé , au mois de sepsembre dernier, 1808, avait
une fièvre maligne. De temps à autre il avait un
léger délire. Son état me parut assez grave pour
me déterminer à ne pas le quitter. Quelques signes
me faisaient pressentir les accidens qui ne tardèrent
pas à paraître ; *aussi m'étais-je muni de plusieurs vésicatoires et de plusieurs grands synapismes.*

En effet , à une heure du matin, le malade
perdit connaissance , et fut saisi en même-temps
de convulsions si violentes , que quatre hommes
forts avaient de la peine à le contenir.

Pendant ces convulsions, la figure était tuméé-
fiée , les yeux étincelans. Tout à coup il tombe
sans respiration apparente et sans mouvement, le
visage livide , le pouls effacé : je crus, ainsi que
les assistans, qu'il n'existait plus, Dans cet état
désespéré (1) , je m'empressai de l'arroser avec de
l'eau de Cologne , et de le frictionner et faire

------

(1) Voyez la note page 202 et 204 de ma deuxième édition , à l'égard de M. *de Fontéte* , et du malade à qui
j'ouvris le foie , malgré son chirurgien , et que je guéris
contre tout espoir.

frictionner (1) vigoureusement sur toutes les parties du corps.

Voyant qu'il était impossible d'entr'ouvrir la bouche pour y introduire un peu d'eau de Cologne, les mâchoires étant trop étroitement serrées, je pris le parti sur-le-champ de mêler environ la moitié de cette même eau avec un peu d'eau tiède, que je lui administrai en lavement. A l'instant même le malade rendit une grande abondance de matières, ce qui procura un peu de détente, et me donna la facilité d'introduire de l'eau de Cologne dans la bouche.

Alors il revint de cet état apoplectique, où il était resté huit à dix minutes. Mais les convulsions se renouvellèrent, beaucoup moins fortes que les premières, et se succédèrent à courts intervalles.

Après chaque crise convulsive, le pouls s'affaissait au point d'être imperceptible, il renaissait insensiblement au bout de quelques minutes, pour reprendre son rhythme ordinaire.

Aussitôt après le lavement, j'appliquai deux vastes synapismes, composés de montarde, d'ail et de vinaigre, sur les jambes, depuis le dessous

____

(1) Les domestiques du malade, par leur adresse et leur empressement, donnèrent en cette occasion de grandes preuves de leur sincère attachement pour leur maître,

du genou jusqu'à la plante des pieds ; je les renou-
velai de six heures en six heures, recouvrant les
deux vésicatoires que j'avais appliqué aux jambes
trois jours auparavant.

De suite, je posai deux larges vésicatoires à la
face interne des cuisses.

La première crise se manifesta à minuit; à minuit
et demi, tous les moyens ci-dessus étaient en activité. A deux heures du matin je posai douze sangsues sur le trajet des veines jugulaires. Depuis deux
heures du matin jusqu'à dix, les crises se succé-
daient. Dans cet intervalle, je lui posai deux vésicatoires au bras.

De dix heures jusqu'à trois, les crises convul-
sives commencèrent à s'éloigner : elles ne reparais-
saient que d'heure en heure. Depuis cet instant
jusqu'à huit, elles devinrent encore plus rares ; le
pouls alors s'affaissait infiniment moins ; cependant le malade était toujours dans le délire.

De huit heures du soir jusqu'à onze heures, le
malade n'eût que deux convulsions. Jusqu'alors
il était considéré sans espoir.

Comme je ne l'avais pas quitté pendant les
vingt-quatre heures que durèrent ces crises, pendant lesquelles on ne put lui faire avaler que
quelques cuillerées d'eau de tilleul, je découvris
quelques symptômes favorables vers les onze
heures et demie.

A l'instant même j'en fis part à la famille, qui
eut peine à y croire, mais je finis par la convain-

cre : alors la joie fut extrême. En effet, une heure après il fut en état d'avaler une tasse entière de tisane ; depuis cette époque l'état du malade s'est amélioré visiblement de jour en jour. Aujourd'hui il est parfaitement rétabli.

Apoplexie.

Il y a environ cinq ans que je fus mandé *au palais des Tuileries*, pour voir M. le sénateur *La Ville-le-Roux*, homme très-replet et extrêmement gras, qui venait d'être frappé d'apoplexie. Je m'y rendis, j'y rencontrai MM. *Salmade*, médecin, et *Dudonjeon*, chirurgien de son altesse M. l'archi-chancelier.

Nous trouvâmes le corps du sénateur étendu sur une grande table, où on l'avait posé depuis une demi-heure. L'ayant trouvé presque sans chaleur, la figure extrêmement tuméfiée, le pouls entièrement aboli. Nous crûmes que le seul moyen de le rappeler à la vie était le galvanisme ; mais ce moyen n'eut d'autre effet que de produire la contraction momentanée des muscles du front et de la face. Ce résultat nous donna une lueur d'espérance ; mais bientôt après, la face qui était tuméfiée devint pâle. M. *Corvisart*, premier médecin de l'empereur, arriva dans le moment même où la figure devint pâle, et nous observa qu'il n'y avait plus de ressource. Nous cessâmes le galvanisme, et le lendemain nous fîmes l'ouverture du cadavre,

en présence de plusieurs savans médecins et chirurgiens, parmi lesquels était M. *Larrey.*

Nous trouvâmes dans le cerveau environ six
onces de sang épanché, la poitrine et le ventre
étaient dans un état parfaitement sain.

On peut donc en conclure que si, à l'instant
où le malade fut frappé d'apoplexie, on se fut
trouvé à temps d'administrer, et avec autant de
chaleur, les moyens rapportés dans l'observation
précédente, on aurait peut-être pu sauver le malade, car les vaisseaux du cerveau ont été au moins
trois quarts d'heure ou une heure sans se rompre ;
ce qui me porte à le croire, c'est que la tuméfaction
de la figure disparut tout à coup.

Les lavemens d'eau de Cologne sont très-
propres à dégager subitement le cerveau, lorsque
le sang s'y porte avec trop d'impétuosité, ou qu'il
est en stagnation, comme damme dans l'apoplexie, l'asphyxie chez les gens noyés.

L'irritation que procure ce remède sur tous les
viscères du bas-ventre, détermine le sang à s'y
porter subitement, et débarrasse à l'instant le cerveau.

Cette maladie est encore une de celles où il vaut
mieux employer des moyens incertains, que d'a-
bandonner le malade à une mort certaine.

N. B. J'ai appris depuis que M. le Sénateur était attaqué quelquefois de douleurs rhumatismales.

XIe. OBSERVATION.

Rhumatisme dirigé sur la poitrine et sur la tête, où il a peut-être produit l'apoplexie.

Il y a environ cinq ans, M. *de Soudeille*, ex-colonel du régiment des chasseurs d'Alsace, âgé de soixante-dix ans, me consulta pour une oppression et une douleur de tête qui se faisaient sentir de temps en temps. Celle de l'organe respiratoire était la plus fréquente. Ce qui me fit juger que sa maladie était un asthme symptômatique, dirigé alternativement sur le cerveau et sur la poitrine.

Je fus mandé la nuit pour lui donner des secours : je le trouvai prêt à être suffoqué ; on me dit que, dans ses crises, on avait l'habitude de le saigner ; mais qu'après la saignée, il restait très-faible pendant plusieurs jours. N'ayant point eu le temps de m'informer de ce qui avait précédé, je cédai au desir du malade et des assistans, et je le saignai au bras : en effet, la saignée lui procura beaucoup de soulagement.

Je continuai de le voir pend antquelques jours, et je découvris que son asthme était causé par une affection rhumatismale ; je lui conseillai de prendre de temps en temps des pastilles de soufre et de kermès, de boire une légère tisane d'eau de tilleul, et d'en continuer très-long-temps l'usage ; je lui défendis de se faire saigner dans ses accès, et de se borner à prendre un bain de pied du n°. 2, lorsqu'ils auraient lieu.

Huit ou dix mois après l'accès dont nous venons de parler, il en eut un second. Il me fit demander, je ne voulus pas le saigner : je lui fis prendre un bain de pied du pied du n°. 2. L'oppression et la douleur de tête diminuèrent visiblement ; je le remis à l'usage des remédes ci-dessus.

Depuis cette époque je n'ai plus vu M. *de Soudeille*, et j'ai appris qu'à tous ses accès d'autres médecins lui avaient conseillé la saignée, et qu'il s'était conformé à cet avis. Peu de temps après j'appris qu'il avait succombé.

Cette observation prouve que, quoique la saignée soit quelquefois indiquée dans les affections thumatismales, il est cependant bien des cas où elle peut être dangereuse, comme par exemple dans les sujets avancés en âge. Le bain de pied n'a point cet inconvénient, et n'opère qu'un déplacement momentané du fluide sanguin, tandis que la saignée opère une perte réelle de ce fluide précieux.

D'ailleurs, tout le monde est à portée de se procurer sur-le-champ un bain de pied, on peut secourir le malade à l'instant dans les cas urgens. Il n'en est pas ainsi de la saignée, le malade peut se trouver très-éloigné des gens de l'art pour pratiquer cette opération, et souvent il périt faute d'avoir été secouru à temps.

Duffour,

Duffour, Médecin du Gouvernement auprès de l'Hospice Impérial des Quinze-Vingts, Membre de plusieurs Sociétés savantes, etc.

Paris, ce 18 novembre 1808.

A Monsieur Villette, *Docteur eu chirurgie.*

Mon cher Confrère,

Par votre lettre datée du 15 novembre, vous me demandez les observations que j'ai pu faire depuis plus d'un an sur l'usage de l'élixir de gaïac dulcifié, que vous conseillez dans votre Ouvrage. Il me serait impossible de vous envoyer aujourd'hui le tebleau de toutes les cures que j'ei obtenues de ce médicament. Je puis vous affirmer que les succès dans les maladies goutteuses, rhumatismales et syphlitiques, compliquées de scorbut, ont toujours répondu à mes desirs et à ceux des malades pour lesquels je l'ai employé.

A l'instant même je viens de recevoir une lettre de Limoges, que je vous envoie, et que je vous autorise à rendre publique.

J'ai l'honneur d'être,

   Mon cher Confrère,

Avec autant d'estime que de considération,

   Votre très-humble et très-obéissant serviteur,

              D U F F O U R.

OBSERVATION

Extraite d'une lettre écrite par M. le président du tribunal de Limoges, à M. Duffour, médecin du gouvernement à l'hospice des Quinze-Vingts, etc.

« L'élixir anti-goutte de Gaïac dulcifié que tu
» m'as envoyé a fait merveille. Depuis dix à douze
» jours que j'en fais usage, l'appétit, le sommeil et
» les forces sont revenus : me voilà à-peu-près tel
» que j'étais avant d'être malade ; c'est toi mon
» ami qui dois en avoir la gloire. Tous les remèdes
» que j'avais pris jusqu'alors, m'avaient fait plus
» de mal que de bien ; mais qui est-ce qui pourra
» m'acquitter, mon ami, de la reconnaissance
» que je te dois pour m'avoir délivré de souffran-
» ces aussi grandes, etc.

Ton ami, LAUMOND.

Extrait d'une lettre qui m'a été écrite le 29 novembre dernier 1808.

» Monsieur,

» Je me trouve on ne peut mieux, du régime
» que vous m'avez prescrit. Je m'y suis soumis en
» tout point : les douleurs que je n'ai cessé de res-
» sentir depuis dix ans, ont presque totalement
» cessé, malgré le peu de temps qu'il y a que j'ob-
» serve votre ordonnance, et je ne suis réellement

» surpris du soulagement que j'éprouve. Je con-
» tinue toujours de prendre l'élixir de Gaïac que
» vous m'avez conseillé ».

*Extrait d'une lettre qui m'a été écrite le 1er. décem-
bre 1808.*

« Monsieur, l'élixir de Gaïac dulcifié, dont
» vous m'avez conseillé l'usage, m'a fait un grand
» bien : comme mon frère et moi sommes atteints
» du même mal, il éprouve même des douleurs
» de goutte plus fortes, il va faire usage du même
» remède, se couvrir de flanelle, en un mot, il
» va suivre vos conseils: nous espérons que les ré-
» sultats seront aussi favorables que pour moi.

» J'ai eu occasion de voir un médecin de notre
» ville, pendant que je faisais usage de l'élixir de
» Gaïac; il a beaucoup blâmé ce médicament, le
» trouvant trop chaud et trop irritant : dix jours
» après cette observation, il m'a fait demander,
» pour son usage particulier, une bouteille d'élixir
» de Gaïac, parce qu'il se trouve atteint de la
» même maladie que nous : je vous communi-
» querai, à ma prochaine lettre, l'effet qu'il en
» aura éprouvé.

J'observerai que je n'ai point nommé les personnes qui font le sujet de ces deux dernières
observations, parce l'une est à quarante lieues,
et l'autre à soixante lieues de la capitale : comme
j'ai coutume de ne citer personne sans avoir son

3 *

agrément, je n'ai pu me procurer leur assentiment avant la publication de ce supplément ; j'espère être à même de les désigner dans la troisième édition de mes conseils.

OBSERVATIONS

Communiquées par M. Vigreux, chirurgien à Juvigni, près Châlons en Champagne, par sa lettre du 6 décembre 1808, sur une paralysie de la cuisse, guérie par l'élixir de Gaïac dulcifié.

« Monsieur et cher confrère,

» J'ai administré avec le plus grand succès l'é-
» lixir de gaïac dulcifié que vous conseillez dans
» votre ouvrage ; j'en ai obtenu un succès marqué
» chez madame veuve Fallet, âgée de 54 ans,
» aubergiste, demeurant à Bergeret, canton de
» Vertus, arrondissement d'Epernay. Elle était
» dans un état pitoyable, ne pouvant faire usage
» de la jambe droite depuis deux mois, éprou-
» vant les douleurs les plus aiguës, fièvre continue
» avec redoublement tous les soirs, et beaucoup
» d'autres accidens qui compliquaient la maladie
» d'une manière très-grave.

» Je lui ai fait faire usage de l'élixir de gaïac
» dulcifié ; le premier jour, elle en prit deux cuil-
» lerées : je continuai pendant quatre jours sans en
» rien obtenir. Le cinquième, elle en prit trois à la

» distance d'une heure l'une de l'autre; elle éprouva
» une très-grande chaleur; peu de temps après,
» une modique transpiration se manifesta. J'en con-
» tinuai l'usage à raison de trois doses par jour.
» Alors , j'obtins une transpiration assez abon-
» dante pour me laisser la certitude du succès;
» effectivement; madame Fallet qui ne pouvait
» marcher sans l'aide de deux béquilles, a été en
» état de reprendre l'exercice dans son auberge :
» toutes ses douleurs se sont dissipées , et les for-
» ces sont revenues dans leur premier état.

» Trois bouteilles d'élixir de gaïac dulcifié , et
» un pot d'opiat dépuratif de gaïac ont suffi pour
» terminer la guérison.

DEUXIEME OBSERVATION.

Communiquée par M. Vigreux, *sur une affection rhumatismatismale dirigée sur l'épaule , guérie par l'élixir de gaïac dulcifié.*

« M. *Giuset*, cultivateur à Vraux, âgé de vingt-
» cinq ans , était attaqué d'une douleur de rhu-
» matisme fixée depuis très-long-temps dans l'é-
» paule droite ; elle était si violente, qu'il crai-
» gnait de ne pouvoir faire ses semailles.

» Je le mis à l'usage de l'élixir de gaïac dulci-
» fié : le soulagement suivit de près l'emploi de
» ce remède , et quinze jours après il m'annonça
» que ses douleurs étaient tellement abolies , qu'il

» se servait de son bras comme s'il n'y eut jamais
» eu de mal ».

OBSERVATION

*Sur un rhumatisme goutteux guéri en peu de jours
par l'elixir de gaïac dulcifié.*

On lit dans le *Journal de Médecine*, du 5 juillet 1808 , « que madame *de Monlesunce*, âgée de 85 ans, d'un tempérament robuste, avait une douleur à la région ischiatique gauche , au genou et à la cuisse du même côté , ainsi qu'aux deux pieds , a été guérie en très-peu de temps , par l'usage de l'élixir de gaïac dulcifié. Elle était réduite depuis trois ans à ne faire aucun mouvement , ressentant de vives douleurs lorsqu'on voulait la transporter d'un lieu à un autre. Elle est parfaitement guérie et marche très-bien aujourd'hui , au grand étonnement de toutes les personnes de sa connaissance.

OBSERVATION

*Sur un rhumatisme goutteux guéri par l'élixir de
gaïac.*

On voit aussi dans le *Journal de Médecine-pratique*, du 15 août 1807 « qu'un homme âgé de cinquante-six ans ; d'un tempérament bilieux, était tourmenté depuis long-temps d'un rhumatisme goutteux. Il était dans des souffrances continuelles, les articulations du pied, du genou, du poignet et du coude étaient gonflées, roides, habituellement sans rougeur. Lors des mouvemens, on entendait un craquement semblable au bruit que fait l'amidon en poudre quand on le comprime sous les doigts. On avait employé divers moyens pour obtenir sa guérison.

» Voyant leur insuffisance, son médecin le mit à l'usage de l'élixir de gaïac, qui procura en moins de trois mois une guerison complète ».

Asphixie.

L'asphixie est un état qui a beaucoup de rapport avec l'apoplexie. La seule différence de l'asphixie et de l'apoplexie, c'est que dans le premier cas le poumon contient de l'eau, tandis que dans le second il n'en contient pas ; mais dans l'un et l'autre le cerveau est gorgé de sang.

Les expériences que j'ai faites sur les oiseaux et sur les chiens confirment ce que j'avance.

J'ai trouvé les vaisseaux du cervean toujours gorgés de sang, dans les chiens que j'ai fait périr dans l'eau, ce qui me porte à croire que si on employait, à peu de chose près, les mêmes moyens pour rappeler l'homme noyé que pour rappeler celui qui est apoplectique, on en retirerait plus d'avantage que des moyens qu'on a coutume de

mettre en usage ; puisque dans l'une et dans l'au‑
tre il y a abolition du pouls, de la respiration,
du sentiment et des mouvemens volontaires et in‑
volontaires provenans des engorgemens du cer‑
veau.

La difficulté qu'on éprouve à se procurer des
machines fumigatoires, et le temps qu'il faut pour
se procurer un homme de l'art, après que le corps
est retiré de l'eau, fait que sur trente asphixiés,
à peine peut-on en sauver un seul.

Il est beaucoup plus expéditif de recourir aux
moyens simples que je vais proposer, ils sont à la
portée de tout le monde.

1º. On commencera par donner un lavement
stimulant composé avec une once ou une once et
demie d'eau de Cologne, mêlée avec quantité
d'eau suffisante. On pourra renouveler ce lavement
de demi-heure en demi-heure, jusqu'à ce que le
malade ait donné des signes de vie.

2º. On frottera la colonne vertébrale, et sur‑
tout la poitrine vers la région du cœur, avec des
linges chauds imbibés d'eau de Cologne.

3º. En même-temps, on fera appliquer la bou‑
che d'un homme sur celle de l'asphixié, il lui
souflera dans la bouche pour tâcher d'ébranler un
peu le poumon.

4º. Un autre aide chatouillera de temps en
temps l'intérieur des narrines, avec une plume
trempée dans de l'eau de Cologne.

5º. On pourra glisser un peu d'eau de Cologne

dans la bouche avec une cuiller. Nous savons parfaitement que l'on a porté en vain des liqueurs spiritueuses dans la bouche des noyés, pour être porté dans l'estomac, parce qu'ils ne les avalent pas. Nous les conseillons seulement pour porter de l'irritation dans l'intérieur de la bouche.

6°. On pourra, pendant l'administration de ces moyens, poser trois ou quatre sangsues au cou, pour dégager doucement les vaisseaux du cerveau, qui sont toujours engorgés en pareil cas.

7°. Il faudra toujours avoir deux hommes qui se relèveront pour souffler dans la bouche de l'asphixié.

Voici la manière de faire cette opération :

L'homme posera sa bouche une demi-minute sur celle de l'asphixié, et y soufflera non comme lorsqu'il s'agit de souffler le feu, mais bien comme lorsqu'on veut porter son haleine sur une glace.

Il retirera la bouche de sur celle de l'asphixié, le temps seulement de respirer, puis il la reposera, comme nous venons de le dire, et réitérera jusqu'à ce qu'il soit fatigué. Alors il se fera remplacer de suite par un autre homme, et lorsque celui-ci sera aussi fatigué, il sera remplacé par le premier.

Tous les moyens ci-dessus doivent être mis en usage au moins pendant trois ou quatre heures, sans désespérer du succès (1).

____

(1) En 1779, M. *Louis*, professeur, nous a dit qu'un

Après ce laps de temps, en cas de non-réussite, on n'aura pas d'autre parti à prendre que de couvrir l'asphixié avec des cendres chauffées au 30 ou 33e. degré de Réaumur, c'est-à-dire de la chaleur du bain le plus chaud, mêlées avec partie égale de sel : on en entretiendra la chaleur au moins pendant cinq ou six heures.

Sans être de l'art, on voit que chacun peut porter ces secours à un asphixié : s'ils n'ont pas tout le succès que j'espère, on pourra se flatter au moins d'avoir employé un des moyens les plus énergiques et les plus efficaces ; car, dans ces cas désespérés, il faut tout employer, et n'avoir rien à se reprocher.

Je prie les personnes qui mettront ces moyens en usage, de me faire part des résultats : je rendrai leurs observations publiques.

Propriétés de l'élixir de Gaïac dulcifié.

Il n'est point de praticien qui ne convienne que l'indication que présente l'affection goutteuse, consiste en deux points essentiels :

1°. Fortifier les fonctions digestives ;

---

homme avait été rappelé à la vie après avoir été douze heures dans l'eau : cette observation doit nous donner du courage.

2°. Favoriser et augmenter les fonctions du système transpirable.

Parmi les remèdes, on doit donc choisir ceux qui agissent sur les propriétés vitales de la contractilité musculaire de l'organe digestif, et ceux qui agissent sur les propriétés vitales du système dermoïde ou de la peau.

Hippocrate, Gallien, Sydenham, Sanctorius, Baillou, Warner, James, Dumoulin, Lieutaud, Desault, etc., en un mot, tous les grands maîtres s'accordent à prononcer qu'en soutenant la transpiration, on prolonge la vie, et on évite la caducité, et que ce sont les moyens les plus sûrs pour chasser la goutte.

D'autres vont plus loin : c'est disent-ils se rendre maître de la goutte, que de se rendre maître de la transpiration insensible.

Or, notre expérience particulière (1), conforme à celle d'un grand nombre de praticiens distingués, démontre, d'une manière irréfragable, que le moyen le plus sûr de remplir cette double indication, est l'élixir de Gaïac dulcifié, dont on voit la composition page 355, deuxième édition de mes conseils aux goutteux (2).

---

(1) Voyez les Observations, deuxième édition.

(2) Nous prévenons que, pour préparer l'élixir de Gaïac dulcifié, il faut choisir le rhum le plus vieux ; qu'il en faut faire au moins trois cent bouteilles à-la-fois, pour qu'on puisse en obtenir un résultat favorable, et le

Voici la manière dont j'ai coutume de l'administrer :

La dose pour un adulte, est un verre à liqueur après le dîner; une cuillerée à bouche pour une femme, et une cuillerée à café pour un enfant.

On peut en prendre une seconde dose à l'heure du sommeil ; si les douleurs de goutte ou de rhumatisme sont fortes, j'ajoute à cette dose, pour un homme, *trente ou quarante gouttes de liqueur anodine minérale d'Hoffmann*; pour une femme, vingt à trente ; pour un enfant, dix à quinze.

Lorsque le cas l'exige, je fais prendre une troisième dose à six ou sept heures du matin, dans le lit et à jeun, pour exciter une légère moiteur.

J'en fais prendre une seule dose après le dîner aux personnes qui ont l'estomac faible ou qui digèrent mal; je la fais prendre le soir à celles qui sont languissantes et qui ont des fleurs-blanches. Dans cette dernière indication, ce remède a réussi au-delà de mes espérances.

J'en fais prendre quelquefois jusqu'à 3 et même jusqu'à 4 verres à liqueur par jour, à des hommes puissans et surchargés d'embonpoint. Mais la dose la plus habituelle est deux petits verres à liqueur par jour, ayant l'attention, dans tous les cas, de faire prendre aux malades quelques tasses d'eau

---

laisser en macération au moins deux mois l'hiver, et six semaines en été. Il en est de ce remède comme du vin: plus il se prépare en grand, meilleur il est.

d'orge ou de tisane de saponaire, de trèfle d'eau ou de bardane, etc., dans le courant du jour.

Lorsque j'administre l'élixir dans l'intention de dépurer la masse du sang, je le fais prendre de la même manière que dans la goutte ; la seule différence consiste dans le genre de tisane, approprié à la circonstance et au degré de la maladie.

Opiat dépuratif et purgatif de gaïac.

Pour rendre l'effet de l'elixir de gaïac plus efficace dans le commencement du traitement des affections goutteuses et rhumatismales, ou des maladies de la peau, j'emploie l'opiat dépuratif et purgatif de gaïac ; il augmente la volatilité de l'élixir, et le rend plus susceptible d'atténuer et de neutraliser le principe morbifique.

Je l'administre tous les matins à jeun, à la dose de dix à quinze grains, en faisant boire par-dessus la dose d'élixir relative à l'âge et au sexe du mac lade.

Tous les cinq jours, je double la dose de l'opiat : ce qui procure deux ou trois selles ; je fais boire, dans cette matinée, plusieurs tasses de bouillon maigre ; je permets le déjeûner, deux heures après la dernière tasse ; le lendemain on en revient à la première dose, qu'on continue encore huit jours.

Les personnes sujettes aux accès de goutte et de rhumatisme, doivent avoir la précaution de se

purger tous les deux ou trois mois avec l'opiat de
Gaïac : alors , on en prendra pendant deux ou
trois jours de suite, gros comme une noisette , le
matin à jeun ; on en fait des bols susceptibles d'ê-
tre avalées, ou bien on délayera cette dose dans
un jaune d'œuf édulcoré avec une cuillerée à bouche de sirop de guimauve ou de capillaire.

Topiques.

Il arrive souvent que l'on est forcé , pour calmer les douleurs de goutte ou de rhumatisme,
d'employer les topiques.

Nous allons faire connaître la manière de les
administrer suivant les cas et la gravité de la maladie.

Quand cette humeur sera fixée sur une des trois
grandes capacités , c'est-à-dire , à la tête, à la
poitrine ou au ventre , et qu'elle y cause un des
accidens ou une des maladies citées page   , il
sera indispensable d'opérer la révulsion le plus
promptement possible, c'est-à-dire de déterminer
l'humeur morbifique vers les extrémités inférieures , sans quoi le malade courerait le plus grand
danger.

En conséquence, on aura d'abord recours aux
bains de pieds (1) gradués par les r.os. 1 , 2 , 3 , et

---

(1)

plus ou moins répétés dans la journée, selon l'intensité des douleurs : le malade y restera douze à quinze minutes chaque fois.

Si, malgré l'activité du bain de pied n°. 3, le malade n'éprouve aucun, ou peu de soulagement, il mettra les cataplasmes des n°s. 1, 2 ou 3, en commençant par le n°. 1; on pourrait avoir recours à celui du n°. 3 : le premier, si la douleur était trop insupportable.

Il est inutile d'observer que, dès le commencement de l'usage de ces remèdes extérieurs, il faut faire usage, en même temps, de l'élixir et de l'opiat dépuratif de gaïac : sans cela, l'humeur n'étant point neutralisée ni expulsée par l'augmentation des forces vitales, pourrait se fixer sur une partie plus noble que celle d'où on l'avait congédiée.

Aussitôt qu'on aura pu parvenir à déterminer l'humeur vers les parties inférieures, on doit alors redoubler d'efforts pour achever de l'éliminer de tout le système par la voie de la transpiration, conformément à la doctrine des auteurs cités page 43 : et, comme nous l'avons dit, l'élixir et l'opiat de gaïac sont les meilleurs moyens pour remplir ces indications.

Nous conseillons généralement à toutes les personnes qui ont été attaquées d'affections goutteuses ou rhumatismales, de continuer au moins pendant six semaines après leur guérison, l'usage de l'élixir de gaïac dulcifié à dessert, immédiatement après le dîner, à la dose indiquée, suivant l'âge, le sexe et la constitution, et de se purger trois ou quatre fois par an, et de se couvrir tout le corps de flauelle. Au reste, nous les invitons à lire le Résumé de nos conseils, deuxième édition, page 335, et de s'y conformer, tant pour le régime que pour la manière de s'habiller. Tous ces moyens n'ont rien de répugnant, car l'élixir de gaïac dulcifié est, à peu de chose près, aussi agréable que l'anisette de Bordeaux.

Je préviens que cet élixir ne se trouve que chez les apothicaires dont les noms sont ci-joints, et que tout autre qui prétendrait en posséder en impose, et expose les malades, non-seulement à être déçus dans l'espoir de la guérison, mais encore à éprouver divers accidens plus ou moins graves.

Pour parer à ces inconvéniens, et éviter toute falsification, on avertit que les bouteilles d'élixir de gaïac sont précisément toutes du même format, et revêtues des mêmes paraphes et des mêmes cachets. Nous invitons les personnes qui en feront usage d'y faire une grande attention, pour ne pas être trompées.

AVIS.

AVIS.

Désirant acquérir de plus en plus des preuves de l'efficacité de l'élixir de gaïac dulcifié, dans les affections gouttenses et rhumatismales, j'invite ceux de mes Confrères qui auront occasion de l'employer, à me communiquer leurs observations signées. Je me ferai un plaisir de les publier : elles seront toutes *guillemettées*, afin de ne les point confondre avec celles qui me sont particulières.

Les gens peu fortunés des départemens, attaqués d'affections goutteuses et rhumatismales, qui croiront que mes conseils peuvent leur être utiles, pourront m'adresser l'exposé clair et précis de leur position, en faisant contresigner leur lettre par le juge de paix de leur canton, qui y posera son cachet. Je me ferai un plaisir de leur donner mon avis gratis. Les lettres et paquets non affranchis resteront à la poste.

MM. les médecins et chirurgiens qui auront occasion d'employer les moyens que je conseille pour secourir les noyés, sont priés de me communiquer le résultat de leurs tentatives.

Les malades peu fortunés, frappés d'affections goutteuses et rhumatismales, pourront venir me consulter tous les dimanches, depuis sept heures du matin jusqu'à onze.

Des Topiques et Remèdes extérieurs.

Les topiques et moyens extérieurs que je suis dans l'usage d'employer dans les maladies dont il s'agit, sont toujours précédés par l'élixir de gaïac dulcifié, pour expulser l'humeur par la voie de la transpiration, etc.

Ils sont de huit espèces :

Les pédiluves ou bains de pieds,
Les cataplasmes,
Les emplâtres,
Les linimens,
Les sangsues,
L'embrocation,
Les vésicatoires,
Les cautères.

Cette espèce de remède doit être employée lorsque le rhumatisant ou le goutteux se sentira affecté dans quelques-unes des parties supérieures, comme nous l'avons dit page

Ils sont susceptibles de différens degrés d'activité, selon que l'affection est plus ou moins grave. Nous indiquerons ces divers degrés par les numéros 1, 2, 3, 4.

Le n°. 1 consiste en un simple bain chauffé au 27 ou 30°. degré du thermomètre de Réaumur.

Le n°. 2 est un bain de même température, dans lequel on ajoutera quelques poignées de sel marin , ou un peu de farine de moutarde ou de savon ratissé.

Le n°. 3 consiste à mettre dans huit pintes d'eau chaude., deux et même jusqu'à quatre onces d'acide muriatique. Le malade restera dans ce bain quinze à vingt minutes. Ce remède estpeut-être le plus efficace de tous pour fixer aux pieds la goutte errante dans diverses parties du corps ; et pour la déloger des principaux organes qu'elle affecte. Voyez les observations.

Le n°. 4 s'emploie lorsque la goutte fixée aux extrémités inférieures y cause de l'inflammation et de vives douleurs.

Il se compose d'une forte décoction de feuilles de mauve et de guimauve, et de deux ou trois têtes de pavot , dans laquelle on fait infuser une forte pincée de sureau.

On renouvelle ces bains deux ou trois fois par jour.

Cataplasme n°. 2.

J'en distingue de quatre espèces :

Le premier est composé avec la farine de graine de lin , bouillie dans une forte décoction de racine de guimauve. On emploie ce cataplasme quand il y a peu d'inflammation aux pieds ; on peut y ajouter trente à quarante grains de safran du Gatinois.

en poudre. Ce cataplasme doit être posé lorsque le malade sort du bain de pied n°. 4.

On ne doit jamais appliquer les topiques sur les parties supérieures, dans la crainte d'opérer une métastase dangereuse.

Le n°. 2 s'emploie lorsque le malade éprouve de vives douleurs à la tête ou à la poitrine , et que l'on craint l'apoplexie ou autres accidens ; mais il doit toujours être précédé du pédiluve n°. 3.
Prenez farine de graine de lin six ou huit livres ; faites cuire un quart-d'heure dans suffisante quantité de décoction de décoction de guimauve , pour former une espèce de pâte, que l'on étendra sur une serviette, pour couvrir la jambe, depuis le genou jusqu'à la plante des pieds.

On observera d'étendre auparavant sur la serviette une certaine quantité de filasse , de manière qu'elle y forme une espèce de matelat mince ; cette mesure a le double avantage de conserver plus long-temps l'humidité du cataplasme, et d'en rendre l'application plus commode, en ce qu'il ne glisse pas, comme il arriverait, si on le posait simplement sur la serviette ; je fais même le plus souvent faufiler ce matelat à la serviette , pour assujétir davantage l'appareil. Lorsque le cataplasme est étendu sur la filasse , on l'asperge avec la liqueur suivante.

Prenez un verre à liqueur d'élixir de gaïac , deux gros de laudanum liquide de Sydenham , un gros d'esprit de sel , mêlez exactement.

Cette liqueur est susceptible de modification, relative au sexe et à l'âge.

Pour une femme, on emploiera la moitié de la dose, et le quart pour un enfant.

Le cataplasme doit être chauffé de trente à trente-cinq degrés. Il est inutile d'observer que l'on doit appliquer un cataplasme pareil à chaque jambe, au même moment.

On laissera ces casaplasmes pendant vingt-quatre heures; lorsqu'on les lèvera, on verra sur les jambes une espèce de farine, qui n'est que le résultat de la farine de la graine de lin ; et non, comme le prétendent quelques personnes, la substance crayeuse que l'on suppose sortir par les pores. Il faut être de mauvaise foi ou ignorant pour avoir des idées semblables.

Depuis 1776, époque où j'ai commencé à étudier la chirurgie dans les hôpitaux, chaque fois que j'ai posé un cataplasme de farine de graine de lin, j'ai observé le même résultat; ce serait donc supposer que tous ces malades avaient la goutte, ce qui serait dépourvu de bon sens.

Au lever de l'appareil, si les douleurs n'avaient pas diminué, on pourrait ajouter demi-gros de laudanum liquide,

Si le troisième jour le malade n'avait éprouvé aucun soulagement, on ajouterait un autre demi-gros de laudanum.

Si après avoir employé pendant cinq jours ces topiques, les douleurs ne cédaient pas, on y ajouterait un gros de laudanum. Ce moyen n'a jamais manqué de me réussir en pareil cas.

Il est important de continuer l'usage intérieur de l'élixir de gaïac dulcifié , comme nous l'avons recommandé.

Tandis que le cataplasme attirera l'humeur des parties supérieures vers les inférieures , l'élixir contribuera à éconduire l'humeur par les pores de la peau , les urines et les selles.

Sans cette précaution , l'humeur pourrait s'arrêter sur un des viscères et produire une métastase dangereuse.

Ce même cataplasme s'emploie aussi dans la douleur sciatique , le lumbago , et pour toutes les affections goutteuses et rhumatismales dirigées sur les parties supérieures.

Le troisième cataplasme se trouve composé , en supprimant du second l'esprit de sel , et en diminuant de moitié la dose du laudanum et de l'élixir.

Le quatrième cataplasme s'emploie lorsque l'affection morbifique a moins de ténacité; on l'appelle vulgairement synapisme; il se compose de la manière suivante :

Prenez deux têtes d'ail , séparez les gousses, enlevez-en la pellicule , pilez-les dans un mortier , ajoutez-y plus ou moins de farine de graine dé moutarde, et quelques cuillérées de farine de graine de lin, selon la grandeur du synapisme nécessaire ; versez lentement d'excellent vinaigre quantité suffisante pour former une pâte consistante , que l'on étendra bien chaude sur un petit matelat de filasse, de la même manière que nous avons indiquée au cataplasme n°. 2.

3°. *Les Emlplâtres.*

Il y en a de deux espèces, l'un calmant , l'autre escarotique.

1°. *Emplâtre calmant.* Lorsque le malade ressentira une douleur superficielle sur la poitrine , sur les épaules , sur les bras , sur les reins ou à la cuisse , il appliquera un emplâtre plus ou moins large, suivant le siége du mal, composé comme il suit :

Prenez poix de Bourgogne ,

Huile de Pétrole.

Faites fondre doucement dans un vase de terre vernissé , et on le conservera pour le besoin.

On étendra sur chaque emplâtre quinze à vingt grains d'extrait gommeux d'opium, et on le posera sur la partie douloureuse , et on le laissera jusqu'à ce qu'il tombe de lui-même.

Dans tous les cas qui nécessitent l'application de cet emplâtre, on en mettra deux sur chaque coude-pied, de la largeur d'un écu de 3 livres ; alors on ne mettra sur chacun que dix grains d'opium seulement.

On ne doit jamais poser que trois de ces emplâtres à-la-fois sur le corps : on les laisse également jusqu'à ce qu'ils tombent seuls.

Si la douleur n'était pas éteinte lorsqu'ils tomberont , on en réappliquerait d'autres.

2°. *Emplâtre escarotïque ou vésicatoire.*

On est souvent obligé de se servir de vésicatoire lorsque la douleur est fixe et permanente , et quand les moyens ci-dessus ont échoué, ce qui est extrêmement rare.

On observera de ne jamais l'appliquer lorsqu'il y aura inflammation.

La meilleure manière est de ne les appliquer qu'instantanément sur les parties malades ; c'est ce qu'on appelle vésicatoires volans : ainsi , on les laissera quatorze ou quinze heures sur la première place. Lorsque la cloche sera formée , on la piquera pour en faire sortir l'eau ; on la couvrira de plusieurs feuilles de poirée fanées au feu , posées les unes sur les autres , et induites d'une couche de cérat.

Le médecin jugera si on doit le réitérer ; voyez l'observation ci-dessus , page   et   des conseils aux goutteux.

4°. *Les Linimens.*

Les uns sont *calmans* , les autres *résolutifs , résolutifs calmans* , et *liniment irritant.*
Lorsque le malade éprouve de légères douleurs
dans

dans quelque partie, on peut les oindre avec plusieurs compositions.

    1°. Le beaume tranquille.
    2°. Le beaume opodaldoc.
    3°. L'onguent d'altua, etc.

1°. Linimens calmans.
2°. Linimens résolutifs.
    Prenez :
3°. Liniment résolutif calmant.
4°. Liniment irritant,

N°. 5. — *Les Sangsues.*

On les emploie toujours avec succès dans l'inflammation locale, causée par l'affection goutteuse
ou rhumatismale, particulièrement lorsque l'inflammation est aux extrémités inférieures.

Il n'en est pas tout-à-fait de même lorsque cette
inflammation est aux extrémités supérieures.

Cette évacuation posée au bras a causé quelquefois de l'oppression; mais on la fait cesser promptement au moyen des pédiluves du n°. 3, et par
l'usage de l'élixir de gaïac.

N°. 6. — *Le Cautère.*

Ce remède devient souvent nécessaire aux goutteux pléthoriques, ou à ceux chez lesquels cette
affection est très-invétérée ou héréditaire. Il est

D

cependant des cas où ils peuvent éluder ce remède
lorsqu'ils y opposent trop de répugnance, en s'as-
sujétissant à prendre exactement, chaque jour,
une ou deux doses d'élixir dulcifié de gaïac.

La grande mobilité de l'humeur goutteuse exige
rigoureusement, pendant l'application des médicamens externes, l'usage de cet élixir, sans quoi,
nous le répétons encore, l'humeur délétère peut se
fixer sur une partie noble, et y causer des accidens plus graves que celui qu'on a voulu guérir.

Comme on peut le voir par les exemples fu-
nestes rapportés dans la deuxième édition de mes
conseils, pages 210, 211, 368 et 369.

JE prie MM. les médecins et chirurgiens qui
auront employé les moyens que je conseille dans
la diuxième édition de mes Conseils et dans ce
Supplément, de m'adresser, avant le 10 mars
prochain, leurs observations, sur les résultats
qu'ils en auront obtenus, afin que je puisse les
consigner dans la troisième édition qui paraîtra
à cette époque.

P. S. Je préviens que toutes les lettres non af-
franchies resteront à la poste.

F I N.

On ne trouve l'élixir de gaïac dulcifié que je conseil dans mon ouvrage, ainsi que l'opiat dépuratif et purgatif de gaïac, que chez MM. les pharmaciens ci-après nommés :

Dufour, rue Neuve-des-Petits-Champs, n°. 26.

Lecomte, rue Neuve-des-Petits-Champs, n°. 77.

Leguey, rue St.-Louis, au coin de celle Saint-Honoré, n°. 10.

Guietand, rue J.-J. Rousseau, n°. 21.

Trévez, rue Neuve-des-Petits-Champs, n°. 52.

Bacoffe, rue de la Loi, n°.

Marcotte, rue du Faubourg-St.-Honoré, n°.

Bonneau, rue du Faubourg-St.-Denis, n°. 42.

Deschamps, rue du Faubourg Montmartre, au coin de celle Bergère.

Bertonnier, à Charolles, département de Saône et Loire.